CW00498019

El Gran Reset
Descubierto 2021

Crisis Alimentaria, Colapso Económico y Escasez de
Energía; NWO - Reconstruir Mejor y el Acuerdo
Verde

Rebel Press Media

Descargo de responsabilidad

Nuestros otros libros

Consulte nuestros otros libros para ver otras noticias no divulgadas, hechos expuestos y verdades desacreditadas, y mucho más.

Únase al exclusivo Círculo de Medios de Comunicación de Rebel Press.

Todos los viernes recibirás en tu bandeja de entrada nuevas actualizaciones sobre la realidad no denunciada.

Inscríbase hoy aquí:

https://campsite.bio/rebelpressmedia

Introducción

Europa acabará en una crisis total del sistema - Ahora mismo Alemania ya está culpando a los "ciberataques" (por parte de "los rusos", claro), que de momento tendrán que preparar a la población para una gran guerra - "Un 0,025% de muertes no justifica la destrucción de la economía mundial

El "Gran Reajuste" de nuestra estable y próspera sociedad, puesto en marcha deliberadamente bajo la apariencia de un virus de las vías respiratorias, está a punto de hacerse sentir con más fuerza. Cada vez son más los indicios que sugieren que Europa se encamina hacia una crisis alimentaria con precios por las nubes. Mientras tanto, los políticos y la prensa siguen pasando, justificando y a veces incluso aplaudiendo toda la responsabilidad de la miseria que ya se ha causado y que está en camino.

El Índice de Precios de los Alimentos (IPCA) de la Organización de las Naciones Unidas para la Agricultura y la Alimentación (FAO) subió 2,3 puntos (2,2%) en un mes hasta alcanzar los 107,5 en diciembre de 2020, lo que supone el séptimo aumento consecutivo. El FFPI se situó en sólo 53,1 puntos en 2002, alcanzó un máximo de 131,9 en 2011 debido a la crisis financiera, antes de caer justo por debajo de 100.

Índice de contenidos

Capítulo 1: La próxima crisis alimentaria, energética y bancaria

A medida que los políticos aprovechen las mutaciones corona perfectamente normales, naturales y para la gran mayoría de la gente inofensivas, para extender y/o ampliar las medidas de bloqueo y las restricciones a la libertad, las líneas de suministro de alimentos se enfrentarán a problemas similares a los que ahora enfrenta la industria electrónica (gran escasez de microchips).

En Alemania ya se advierte de la inminente escasez de frutas y verduras. También han identificado ya una supuesta causa: los ciberataques, de los que, por supuesto, se culpará a "los rusos". El miserable Foro Económico Mundial de Klaus Schwab, el genio malvado detrás del "Gran Reset", también espera ciberataques en la red eléctrica y el sector bancario.

Culpa a los demás de lo que tú mismo te provocas

Además, el hecho de que los alimentos básicos y la energía se vuelvan poco a poco inasequibles, unido a los grandes problemas con las cuentas bancarias y los pagos en línea, debería prepararle para aceptar una gran guerra, probablemente contra Rusia. En realidad, las interrupciones energéticas serán causadas por el abandono del carbón, el petróleo y el gas, porque se requiere per se el cambio a la poco fiable y cara energía eólica, solar y biomasa. Además, la próxima megacrisis bancaria se está gestando desde hace años, y se utilizará para impulsar un sistema de pago digital completo con un euro digital.

Es el viejo y conocido concepto histórico que se ha aplicado tantas veces: culpa al partido que consideras enemigo de los problemas que tú mismo has causado, y te aseguras su apoyo. Por desgracia, ya casi nadie lee los libros de historia, o se niega a aprender de ellos ("esta vez lo haremos mejor", "esta vez las cosas serán diferentes") porque se creen mucho más listos. (¿Nuestra opinión al respecto? Todo lo contrario).

O has estudiado para ello, y aplicas las tácticas neomarxistas socialmente manipuladoras y subversivas que los regímenes autoritarios y dictatoriales han utilizado antes tantas veces de forma extremadamente refinada a tu propio pueblo, y que ellos también te lo agradezcan.

¿Hubo alguna información interna o se trata de un plan tortuoso?

En este sentido, el economista estadounidense Martin Armstrong vuelve a señalar el simulacro de pandemia "Evento 201" de octubre de 2019, bien conocido por muchos a estas alturas, en el que todo lo que se hizo a partir de 2020 fue discutido, redactado y trabajado en detalle con antelación, completado con la siembra deliberada del miedo y el pánico por un simple coronavirus.

'¿Tenían conocimiento del futuro, o hay un plan tortuoso para reducir la población y el CO_2, provocando convenientemente un genocidio masivo, como algunos creen ahora? Estas teorías conspirativas siempre surgen cuando hay reuniones secretas y grupos de élite que se sienten exaltados por encima de la gente de abajo, a la que consideran la "Gran Escoria".

Sin embargo, las teorías de la conspiración han quedado atrás, ya que todos estos planes malignos pueden leerse, oírse y verse abiertamente en las publicaciones de estas organizaciones como el FEM. Aunque algunos de ellos, como "En 2030 no poseerás nada y serás feliz" han sido retirados de la red después de que causaran un gran revuelo. Eso no impedirá que estos burócratas autoritarios nos impongan este futuro distópico a ti y a mí (pero no a ellos mismos) en 2030 (pero probablemente mucho antes).

Capítulo 2: Gran malestar social debido a la crisis alimentaria (y posiblemente a la guerra)

En cualquier caso, es seguro que, de aquí a 2024, la escasez de alimentos y la subida de los precios se avecinan de todos modos. Esto provocará un gran malestar social y político", escribe Armstrong.

La mala gestión del gobierno de la UE podría ser su perdición. Al fin y al cabo, en el transcurso de esta crisis, por culpa de esa mala gestión, mucha gente ha perdido su trabajo porque ha tenido que quedarse en casa, y simultáneamente su poder adquisitivo ha caído. Este es el peor resultado posible, y por eso podemos preguntarnos si estos líderes son realmente tan estúpidos, o simplemente tan taimados".

Enrevesada, porque esta crisis sistémica ha sido planificada a todos los efectos, incluido el control y la dirección total de los principales medios de comunicación, con la intención de crear un superestado dictatorial de la UE que será (y en muchos aspectos ya lo es) una mezcla tecnocrática del antiguo sistema soviético y de la actual China comunista.

Estúpidos, porque piensan que este golpe de Estado del "Gran Reset / Build Back Better / Green New Deal" contra la sociedad libre también tendrá éxito a largo plazo, de modo que en 2030 los Mark y Sigrids de nuestro tiempo habrán realizado su soñado paraíso climático.

Evidentemente esta gente ya no tiene sentido de la realidad, porque de lo contrario al menos tendrían que considerar que con este rumbo de desbarajuste de todo y nada puede quedar de nuestra civilización en 2030 a más tardar.

En cualquier caso, el mundo no está preparado para una crisis alimentaria, opina Armstrong, que sin duda será provocada por el mantenimiento de las medidas de la corona. La escasez será especialmente grave en las grandes ciudades. El elevado IVA y los impuestos en Europa serán el golpe final para muchos. Entonces no será necesario que los supermercados estén abastecidos durante unos pocos días para que se desate el pánico, el caos y la violencia a gran escala.

Según el economista, se culpará a los especuladores bursátiles, pero podríamos pensar que (también) se identificará a un culpable político, probablemente el presidente ruso Vladimir Putin. Si es así, es conveniente que antes haya provocado una gran guerra regional en, por ejemplo, Ucrania, y posiblemente en Oriente Medio. Después de todo, hemos visto lo fácil que es interrumpir las cadenas de suministro por un solo barco de contenedores (Canal de Suez).

Bill Gates es uno de los mayores contribuyentes a esta crisis

9

A continuación, Armstrong cita otra "teoría de la conspiración" según la cual Bill Gates es ahora el mayor propietario de tierras agrícolas en los Estados Unidos. Cierto o no, en cualquier caso está demostrado que ha "comprado" la OMS y la tiene en el bolsillo, así como el CDC estadounidense, y presumiblemente todos los institutos similares de Europa. Además, tiene intereses financieros en todas las grandes empresas farmacéuticas y es el impulsor de la alianza de vacunas GAVI. Así pues, es innegable que Gates es uno de los mayores contribuyentes a esta crisis que dura ya varios años, pero los medios de comunicación occidentales, co-controlados por él, nunca se permitirán escribirlo. En la última década, cientos de miles de explotaciones agrícolas han desaparecido tanto en América como en Europa, en gran medida porque su existencia se hizo imposible gracias a los impuestos cada vez más altos y a las normas y leyes "climáticas" cada vez más estrictas. De este modo, los gobiernos pudieron hacerse con grandes cantidades de tierra a precios ridículamente bajos para, entre otras cosas, construir viviendas, energía "sostenible" y proyectos de "restauración de la naturaleza". Esta antigua política antiagrícola amenaza con intensificar exponencialmente la próxima crisis alimentaria.

El 0,025% de muertes no justifica la destrucción de la economía mundial

'Mientras tanto, hay prisa por vacunar a todo el mundo contra una enfermedad que no es más mortal que la gripe', continuó Armstrong. 'El número de muertes por Covid es tan exagerado que nuestros políticos son los más tontos del mundo o los más taimados. Durante la gripe española hubo 50 millones de muertos, el 3,125% de la población mundial de entonces (1.600 millones). Ahora hay 7.800 millones de personas, e incluso 2 millones de muertos son sólo el 0,02564% de esa población. Esto no justifica en absoluto la destrucción de la economía mundial".

Los acuerdos de Nuremberg fueron ignorados e incluso revocados
La prensa dominante se limita a aplaudir los cierres y a aterrorizar al público. Está saliendo a la luz que las vacunas no protegen a nadie de contraer el Covid, e incluso pueden ponerlo en mayor peligro una vez que la población sea aplastada por una de las nuevas mutaciones. Mientras tanto, las empresas farmacéuticas son inmunes a toda responsabilidad. En Nuremberg, todos los líderes mundiales acordaron prohibir este tipo de experimentos médicos en la población si aún no habían sido probados (o no lo suficiente) en animales. Las vacunas que se inyectan ahora ni siquiera han sido probadas en ratas o ratones". (Esto se debe, en parte, al pensamiento marxista "despierto" de extrema izquierda, que ha despojado a los humanos de toda espiritualidad superior, y los considera nada más que una especie de máquina biológica que no trasciende en absoluto la vida animal. De hecho, al utilizar a los humanos como conejillos de indias y no como animales, los humanos se sitúan por

debajo de los animales. Ni que decir tiene que este reprobable pensamiento antihumano prepara el camino para una masacre, un genocidio, como el mundo no ha conocido nunca antes y probablemente no volverá a conocer, porque sencillamente quedaremos muy pocos).

Capítulo 3: Los próximos 10 años

Lord Sumption, antiguo juez del Tribunal Supremo británico, ya fue muy crítico el año pasado con las medidas totalitarias de la corona. Ahora advierte que estas medidas podrían durar hasta 10 años, porque los gobiernos ya no pueden dar marcha atrás en sus decisiones sin perder mucho prestigio. Nuestra expectativa es que si las políticas actuales se mantienen efectivamente durante otros 10 años e incluso se endurecen, para 2030 a más tardar no quedará nada en absoluto de nuestra antaño libre y próspera sociedad.

Sumption cita un precedente histórico. Después de la Segunda Guerra Mundial, las raciones de alimentos continuaron en Gran Bretaña durante 9 años. La gente lo quería, porque estaba detrás del control social. Pero en 1951 el partido laborista perdió completamente la mayoría, porque la gente que llevaba 5 años o más de control social estaba harta. Tarde o temprano eso va a pasar en este país ahora'.

El ex presidente del Tribunal Supremo respondía a las declaraciones de los funcionarios del gobierno de que todas las medidas, incluidos los cierres, el distanciamiento social y los protectores bucales, seguirán vigentes hasta que todo el mundo esté vacunado. El gobierno británico decidió recientemente prolongar todas las medidas al menos hasta octubre. El ministro de Sanidad, Matt Hancock, declinó decir si habría otra prórroga después de eso.

Es tan grave que incluso los políticos ya no se atreven a ofrecer una protesta fundamentada.

'No has fallado en esta batalla, ya que es tu sagrado deber hacer tu propia contribución tomando el lado del Bien. Otros, adictos a las corrupciones, o cegados por un odio infernal a nuestro Señor, han elegido el lado del Mal.'

No creas que los hijos de las tinieblas actúan de manera honesta, ni te escandalices de que se valgan del engaño. ¿O acaso crees que los seguidores de Satanás son honestos, sinceros y leales? El Señor nos ha advertido sobre el diablo, que "es un asesino de hombres desde el principio, y no se mantiene en la verdad, porque no hay verdad en él. Cuando habla la mentira, habla según su naturaleza, porque es mentiroso y padre de la mentira". (Juan 8:44)

Lord Sumption señala que los políticos y científicos que se oponen a la política de bloqueo "son objeto de una campaña de desprestigio personal extremadamente desagradable. Conozco a muchos que prefieren no sacar la cabeza por encima del parapeto. Desde el principio, cuando hablé, empecé a recibir correos electrónicos de políticos que estaban de acuerdo conmigo pero que no se atrevían a decir nada. Creo que es una situación muy grave".

Ahora está claro para muchas personas que un típico virus respiratorio, que es peligroso sólo para un pequeño grupo de personas mayores y vulnerables (y que tiene una tasa de supervivencia establecida del 99,7%) está siendo explotado para impulsar una agenda particular, el "Gran Reset" bajo la comunista Agenda-2030 de la ONU. Cualquiera que esté abiertamente en desacuerdo es atacado con métodos draconianos.

Hay que dejar que la gente exprese sus diferencias', dice el juez. Si sólo se puede imponer el distanciamiento social golpeando a la gente en la cabeza con palos, entonces no vale la pena'.

Capítulo 4: ¿Fase final de nuestra civilización?

Sin embargo, las encuestas (en la medida en que todavía se puede confiar en ellas) muestran que la mayoría de la gente está de acuerdo en que su sociedad está siendo cambiada y deformada para siempre. Esa es la señal para que los políticos impulsen medidas aún más duras y estrictas en los próximos años, con el pretexto de los nuevos virus y/o "el clima", que acabarán para siempre con los últimos restos de libertad, y pronto también con nuestra actual prosperidad.

Bienvenidos al comienzo de la dictadura más dura y antihumana que este mundo ha conocido. Y ustedes mismos la han votado. De ahí que nos preguntemos repetidamente si nuestra sociedad se ha vuelto a veces suicida. Toda civilización llega a su fin -generalmente de forma bastante repentina- muy a menudo porque la gente deja que los líderes totalitarios hagan lo suyo y a menudo incluso cooperan con ellos. Es doloroso observarlo, pero quizás ahora nos toque a nosotros caer.

24 líderes mundiales piden el rápido establecimiento de una dictadura mundial de la OMS en materia de vacunas

Nadie está a salvo hasta que todo el mundo esté a salvo" significa, en realidad, que pronto se exigirá a todos los ciudadanos del mundo que se vacunen - Los principales neo-agentes esperaban el comienzo del nuevo orden mundial luciferino en 2012: ¿2012 es en realidad 2021?

24 líderes mundiales, entre ellos la canciller alemana Angela Merkel, el presidente francés Macron y el primer ministro británico Johnson, han firmado una carta en la que piden un tratado que permita una dictadura mundial de la OMS en materia de vacunas. Por supuesto, esto no se afirma literalmente, pero se reduce abrumadoramente al hecho de que todos los países, bajo el pretexto de la "preparación para la pandemia", deben entregar su soberanía nacional y médica a un gobierno global. Esto es exactamente lo que advertimos en enero de 2020, es decir, que el coronavirus se utilizará indebidamente para establecer un gobierno mundial comunista dictatorial, que creemos firmemente que se convertirá en el régimen más duro y antihumano que este planeta haya conocido, aunque se presentará como exactamente lo contrario.

La prueba más impactante de ello es la afirmación abiertamente expresada de que "nadie está seguro hasta que todo el mundo esté seguro", en sí misma una premisa absurda, ya que la vida no funciona así, nunca lo ha hecho y nunca lo hará, ya que todo el mundo tendría que estar permanentemente obligado a quedarse en casa. Luego ignoramos por un momento que la mayoría de los accidentes ocurren precisamente en casa.

En un momento en el que Covid-19 ha explotado nuestras debilidades y divisiones, debemos aprovechar esta oportunidad y unirnos como comunidad global para una cooperación pacífica que se extienda más allá de esta crisis, es uno de los argumentos ahora masticados por los medios de comunicación para acabar con el "aislacionismo y el nacionalismo".

El objetivo final: la vacunación obligatoria para todos los ciudadanos del mundo

El resto de los medios de comunicación que rodean al covid-19 y al gran reseteo, también, no es más que la ya cansina y hueca palabrería sobre forzar la unidad, supuestamente porque esto sería lo mejor para la humanidad, cuando en realidad se está realizando algo completamente diferente y con ello se creará una horrible distopía.

En efecto, "nadie está a salvo hasta que todo el mundo esté a salvo" es una amenaza apenas velada a las personas que no quieren ser inyectadas con sustancias experimentales de manipulación genética comercializadas como "vacunas" para hombres (y mujeres y niños). Indica que los líderes mundiales hace tiempo que han decidido hacia dónde quieren ir, es decir, la vacunación obligatoria, so pena de exclusión total de la sociedad (y, con el tiempo, también so pena de que te quiten todos tus derechos y todas tus posesiones, presumiblemente seguido de un encarcelamiento forzoso en un "campo de reeducación").

Si la primera pandemia no le convence, la segunda lo hará.

Esta compulsión a la vacunación va a ocurrir, puede estar seguro de ello, por mucho que se siga negando. Después de todo, Bill Gates ya se regodeaba abiertamente de ello durante una entrevista en televisión: 'Si la primera pandemia no te convenció, la segunda lo hará'.
Así que ya sabía el año pasado que se planean al menos dos pandemias, la segunda de las cuales será el golpe final para la salud mental de la población, que ya está bajo gran presión. Ésta gritará y chillará por la "seguridad" y exigirá a sus gobiernos que los que se nieguen a vacunarse -a los que se culpará falsamente de esta segunda pandemia y de los consiguientes encierros- sean apartados de la sociedad a toda costa.

Esa segunda pandemia podría ser también el anunciado "ataque bioterrorista" de Gates, muy probablemente otra operación de falsa bandera/propaganda que los observadores críticos creen que puede ser causada precisamente por las vacunas. De hecho, los científicos y otros expertos han advertido repetidamente que las vacunas pueden desactivar una parte crucial del sistema inmunitario humano, dejando a las personas vacunadas indefensas cuando la corona y otros virus respiratorios vuelvan en otoño o invierno. Por ello, algunos consideran que las propias vacunas son esas armas de "bioterrorismo" sobre las que Gates advirtió en 2020.

Capítulo 5: El último imperio mundial

Cristianismo institucional

La anunciada dictadura de la OMS/FM/ONU/UE será una parte central, es nada menos que el establecimiento del "Reino del Anticristo" (mejor, Reino de "la Bestia", porque el término "anticristo" no aparece en ninguna parte en todo el libro apocalíptico del Apocalipsis, y por lo tanto no se refiere a una sola persona) predicho en la Biblia. Aunque tengo poco respeto por su denominación, estoy de acuerdo con él en este aspecto.

Lo triste es que es precisamente el cristianismo institucionalizado el que permite, facilita y promueve la llegada de ese imperio mundial final, transnacional y anticristiano (y esto también, por cierto, está predicho en las profecías bíblicas). El Papa Francisco ya pidió el año pasado una "vacuna universal para toda la humanidad", sugiriendo incluso que no vacunarse es un pecado (mortal). La mayoría de los demás movimientos cristianos, desde los conservadores protestantes hasta los evangélicos y pentecostales, están más o menos de acuerdo con él. Considere también los muchos partidos cristianos, ministros y líderes gubernamentales que están justo detrás de esta agenda y la están llevando a cabo.

En todo el mundo, millones de cristianos han estado esperando "el fin de los tiempos". Ahora que el tiempo parece haber llegado, la mayoría de ellos parece no querer saber nada al respecto, sólo porque la llegada del predicho reino de la Bestia tendrá lugar de una manera diferente y en parte con métodos diferentes a los que se les ha hecho creer mediante "tratados de cosquillas en los oídos" durante todo este tiempo. Es más: muchos están realmente trabajando en ello por plena convicción.

Los de la Nueva Era llevan casi un siglo esperando el orden mundial luciferino

El 28 de marzo de 2009, es decir, hace casi 12 años, escribimos que los neo-agentes de alto rango predijeron que en 2012, bajo el presidente Barack Obama, se establecería el "orden mundial luciferino". ¿No querían decir 2012, sino quizás 2021?

La humanidad está avanzando hacia una nueva civilización y una cultura mundial de la Nueva Era, que será conocida como la Era de la Luz", escribió el New Ager Tom Carney en 2009 en "Thoughtline", señalando a la infame ocultista Alice Bailey (cuya ONG Lucis Trust está reconocida por la ONU) y su "Nuevo Grupo de Servidores del Mundo" (nótese también la pirámide y el arco iris), fundado ya en 1924, y su "Gran Plan" para la humanidad. Desde el punto de vista de los teósofos como Bailey y muchos otros de la Nueva Era como Helena Blavatsky, el que traerá esta "Luz" es el "Portador de la Luz", Lucifer, al que se refiere la Biblia como el diablo, Satanás.

Hay teorías que afirman que las vacunas de ARNm son necesarias para modificar nuestro ADN de tal manera que pronto todos seremos totalmente controlables, manipulables y obedeceremos automáticamente a los seguidores de esta falsa luz. Si esto es realmente así está por ver, pero la revista de la Nueva Era 'Innerchange' habló literalmente en su primer número de 2009 de un 'arquetipo de Lucifer' como 'el nuevo ser humano' que poblaría la tierra en un futuro muy cercano.

Es una especulación, pero posiblemente los 12 años posteriores se utilizaron para colocar primero a estos "arquetipos" en posiciones de poder en gobiernos nacionales, organizaciones supranacionales e instituciones religiosas para que en el momento adecuado, quizás aprovechando el miedo deliberadamente inculcado a un virus respiratorio medio, pudieran tomar el poder total para realizar este orden mundial luciferino, este "reino de la Bestia" bíblico.

Aunque millones de personas en Occidente han despertado al gran peligro de los globalistas de la ONU/UE/FMI/FMN/OTAN, todavía somos una minoría.

Ciertamente, en Europa, la mayoría de la gente sigue creyendo ciegamente en la propaganda de los partidos políticos y los medios de comunicación dominantes, a pesar de que numerosas de sus flagrantes mentiras han sido expuestas, especialmente en los últimos años. Para los que han abierto los ojos, la persistente inanidad y a veces sorprendente estupidez de los crédulos puede ser a veces bastante frustrante.

De hecho, con un poco de investigación de fondo y pensamiento crítico, se puede concluir que la última pandemia de coronavirus de Wuhan es probablemente una crisis creada deliberadamente para someter a todas las naciones a un gobierno mundial totalitario.

La agenda de los globalistas puede resumirse con un término: "Orden a partir del caos". El analista Brandon Smith no es en absoluto el primero en señalar que "todas las crisis se crean o explotan para manipular al público para que dé su consentimiento. ¿Pero asentir a qué?".

Capítulo 6: La crisis bancaria

La próxima megacrisis financiera se utilizará para el impulso final del "Gran Reset" comunista

Mientras el gobierno y los medios de comunicación siguen centrándose casi por completo en la corona, en la UE se están produciendo acontecimientos extremadamente preocupantes que probablemente tendrán consecuencias de gran alcance para nuestra prosperidad y poder adquisitivo ya a corto y medio plazo.

El BCE va a comprar más deuda pública en los próximos meses, porque los tipos de interés de la deuda pública han empezado a subir de nuevo.

Además, el sistema bancario, técnicamente ya en quiebra de facto, está en un problema aún mayor debido a la crisis de la corona fabricada.

Lo único que mantiene unida a la Comisión Europea es el árbol mágico del dinero llamado BCE", escribe el analista Alasdair Macleod.

Si alguna vez has tomado dos clases de economía, deberías saber a dónde conduce siempre inevitablemente ese "árbol del dinero": "Esto es un espectáculo de terror en ciernes.

El REUE es un hecho consumado en términos políticos y financieros

Los críticos describen a menudo la Unión Europea como la URSS, y ciertamente no es una exageración en el año 2021, sino todo lo contrario.

Desde el punto de vista político, la UE lleva mucho tiempo funcionando exactamente igual que la antigua Unión Soviética: el Politburó, un club de burócratas no elegidos llamado Comisión Europea, determina la política, y da sus "deseos" (=órdenes) al Consejo Europeo de Jefes de Gobierno, que los debate por la forma, y luego lleva estas órdenes a sus propios países independientes -sólo de nombre-, donde los parlamentos, reducidos a "hombres que sí", siempre ponen automáticamente un sello de aprobación.

Para mantener la pretensión de una democracia europea, la propia UE también tiene un "parlamento", del que todos los miembros reciben sueldos altísimos, primas y pensiones por participar en esta gran obra de teatro, y permanecer en silencio sobre el hecho de que en realidad no tienen nada, absolutamente nada que decir.

La única vez que este parlamento pareció tener algún "poder" fue cuando envió a la Comisión Europea a casa, pero eso fue -especialmente en retrospectiva- muy probablemente sólo una puesta en escena, porque fue en ese momento cuando el público europeo comenzó a despertar a la naturaleza y el diseño "socialista" (en el sentido marxista) de la UE.

Recientemente, el BCE dio discretamente el siguiente paso hacia la inevitable destrucción del euro, del sistema euro/objetivo 2 y de sí mismo. El banco decidió comprar más bonos del Estado en los próximos meses, en contra de lo anunciado anteriormente, porque los tipos de interés están subiendo de nuevo en todo el mundo. Si esta tendencia continúa, provocará la quiebra de toda la red de la eurozona. Y esa red es como un bocado de manzanas podridas", dice Macleod. 'Es el resultado no sólo de un sistema que falla, sino también de las políticas para salvar a España de la subida de los tipos de interés en 2012.'

Cueste lo que cueste", la moneda euro se "salvará" a costa de los ciudadanos

En aquel momento, el entonces presidente del BCE, Mario Draghi, pronunció sus infames palabras de que salvaría el euro "cueste lo que cueste". Lo que no nos dijo es que el precio de ese "cueste lo que cueste" tendría que ser sufragado por los ahorradores y los fondos de pensiones europeos en primer lugar.

Debido a la creciente deuda, la intervención de Christine Lagarde debe ser necesariamente aún mayor que la de su predecesor Draghi. En última instancia, todos los europeos tendrán que pagarlo con creces a través de una pérdida sustancial y permanente de su poder adquisitivo y su prosperidad. Los años de prosperidad de los Estados miembros de la UE están a punto de terminar.

Lagarde pone el "cueste lo que cueste" de Draghi a una velocidad aún mayor. El BCE, que dice ser "independiente" pero es una institución política hasta la médula, en realidad sólo ha servido para un propósito, y es el de asegurar que el gasto incontrolado de los estados miembros del sur en particular esté siempre cubierto.

Para ello se ideó un ingenioso sistema: Target-2

Sólo Italia y España deben a este sistema del BCE casi un billón de euros. Alemania, Luxemburgo, Finlandia y los Países Bajos, por su parte, deben alrededor de 1,6 billones de euros a este sistema, de los cuales la mayor parte (más de 1 billón de euros) corresponde a Alemania. *(De hecho, el pequeño Luxemburgo puede considerarse un banco disfrazado de Estado independiente, uno de los muchos trucos que utiliza el BCE para que la situación financiera de la UE parezca más halagüeña).*

Los grandes megabancos ya están técnicamente en quiebra
Al comprar bonos del Estado, el propio BCE ya tiene una deuda de 345.000 millones de euros, en parte debido a

la financiación encubierta del creciente déficit público francés. Francia puede contarse ahora entre los países del PIIGS, pero esto nunca se admitirá oficialmente porque Francia se considera un Estado "sistémicamente importante".

Mientras tanto, las cargas de Francia empiezan a pesar cada vez más en el sistema del euro, sobre todo porque el megabanco francés Société Générale está técnicamente en quiebra, al igual que el Deutsche Bank y el italiano Unicredit.

Lo que no muestran las estadísticas es que el Bundesbank ya ha comprado muchos miles de millones de deuda pública alemana en nombre del BCE. El desequilibrio cada vez mayor del sistema Target-2 se debe a que Italia, España, Grecia y Portugal, en particular, han cargado con cada vez más deudas "malas", es decir, deudas que no pueden ni van a ser reembolsadas.

El resultado fue que los sistemas bancarios "zombis" de estos países tuvieron que ser sometidos a un goteo permanente del BCE.

Un montón de borrachos en la cuneta
Las deudas incobrables y otros "activos dudosos" pasaron al sistema del euro (y, por tanto, en particular a Alemania, Finlandia, los Países Bajos y Luxemburgo) en el momento del "rescate" de Grecia, y luego del rescate de los bancos italianos, que se ocultó al público.

29

Lo que no aparece en las estadísticas es una cantidad aún más elevada, de 8,31 billones de euros (el total probablemente supere los 10 billones de euros) de financiación a corto plazo, que en la eurozona no necesita prácticamente ninguna cobertura.

En resumen, significa que usted, por ejemplo, con unos ingresos medios anuales de 36.000 euros, puede obtener un préstamo del banco de 1 millón de euros sin pestañear, y el director del banco le dice entonces: "Vea lo que puede devolver, y cuando..." ¿Qué piensa usted, se mantendrá este banco sano durante mucho tiempo? Y un banco central que luego mantiene a estos bancos a flote durante años, ¿también se mantendrá sano durante mucho tiempo?

Como un grupo de borrachos que intentan salir de la cuneta, las cotizaciones de los bancos de la eurozona han subido con los mercados. Pero sus calificaciones siguen siendo terriblemente malas", observa Macleod. La situación es ahora tan grave que si un gran banco de la eurozona quebrara, todo el sistema se derrumbaría como un castillo de naipes.

La UE es un "Estado en quiebra": el poder adquisitivo desaparecerá

La UE tiene todos los signos de un estado fallido", continuó el analista. Esto fue particularmente evidente en la reacción de la UE al Brexit, que realmente sólo puede describirse como una venganza de una manera tan obtusa como infantil, sin tener en cuenta las dolorosas consecuencias para el propio bloque.

Además, es poco probable que la UE salga del bloqueo este año, lo que significa que todos los Estados miembros tendrán que seguir asumiendo una nueva deuda sin precedentes para mantener sus economías a flote. Las consecuencias de las políticas extremadamente perjudiciales serán aún más graves para Europa que para Estados Unidos y China.

Gran parte de la economía -especialmente los pequeños empresarios- está al borde del colapso. Sumado a la evolución de los mercados de materias primas (petróleo, metales, alimentos, etc.) y al gigantesco aumento de la masa monetaria, todo ello conducirá a una pérdida de poder adquisitivo en todo el mundo. La UE, gracias a su propia estructura, políticas y acciones, va completamente a remolque de la recuperación económica, que ya está en pleno apogeo en China.

Y como la financiación de todo descansa sobre los hombros del BCE, la crisis en la UE empezará definitivamente allí. Seguramente hará caer la mayor parte del sistema bancario...

No hará falta una subida muy brusca de los tipos de interés para borrarlo". Y a continuación se revela también el verdadero valor del "valor" y los "activos" que los grandes bancos de la eurozona dicen tener en sus balances: "esencialmente NADA.

No es de extrañar que la fuga de capitales de la eurozona se haya acelerado. El dinero siempre huye de lugares con políticas malas y despilfarradoras, y donde pronto no valdrá nada.

La economía se infla deliberadamente para lograr el Gran Reajuste comunista

Si se preguntan: ¿pero por qué no intentan evitarlo? Entonces mi respuesta es: porque creo que el sistema se está dinamitando deliberadamente. Ya se está trabajando en un euro digital que, en algún momento, debería sustituir a todo el dinero en efectivo. Este nuevo sistema de dinero digital se introducirá presumiblemente durante o justo después de la inminente megacrisis financiera, y se vinculará gradualmente a todo (DNI/pasaporte, tarjeta de débito, tarjeta Covid, etc.). Todas las deudas serán confiscadas, después de lo cual todos los "activos", todas las propiedades, todas las finanzas, de todas las empresas e individuos, caerán en manos del Estado.

Entonces se completará el "Great Reset", la transformación del otrora exitoso bloque de libre comercio de la C.E.E. en una Unión Soviética europea con un sistema tecnocrático y profundamente comunista.

Entonces nuestra prosperidad y todas nuestras libertades y posesiones se acabarán para siempre. (¡Y tú, como empresario, estabas tan contento con la prometida compensación del 100% de tus costes fijos por parte del gobierno!

¿Realmente no se dan cuenta de la trampa en la que se han metido todos? Que ustedes, en esta economía planificada, pronto no tienen nada más que decir sobre su propio negocio y su supervivencia).

Para hacerse una idea de lo "agradable" que será la vida para nosotros entonces, eche un vistazo a los libros de historia, diría yo. Sin embargo, para la mayoría de la gente, este llamamiento caerá en saco roto.

Recientemente, los europeos han votado aún más masivamente a los partidos nominalmente "liberales", que durante años han aplicado casi exclusivamente políticas neomarxistas de la UE.

Como el pueblo quiere seguir ciego para las inevitables consecuencias, parece que sólo queda una cosa, muy a nuestro pesar, y es sufrir mucho dolor (otra vez) para que el pueblo vuelva a entrar en razón.

Con la esperanza de que nuestros (nietos) supervivientes después de esta terrible crisis sistémica hayan aprendido de estas duras lecciones y sean capaces y estén dispuestos a construir una sociedad mucho más sana, una sociedad en la que ya no haya lugar para los Grandes Bancos, las Grandes Farmacéuticas, las Grandes Tecnologías, las Grandes Fuerzas Armadas y el Gran Gobierno, en otras palabras: para la Gran Corrupción.

Capítulo 7: El pacto verde

Para lograr los objetivos climáticos, se establecerá una ecodictadura comunista que acabará con todas nuestras libertades y con gran parte de nuestra prosperidad actual.
Economist DB Research: "Bruselas cuenta una historia injusta a los ciudadanos" - Medidas dolorosas muy próximas: pérdida de libertad de transporte, calefacción, hogar, alimentación

Un análisis del Deutsche Bank critica duramente a la Unión Europea por presentar el "Green Deal" al público de forma demasiado optimista y por mantener un "debate injusto" sobre el mismo.

DB quiere que Bruselas haga saber a los europeos que la aplicación del Green Deal supondrá una megacrisis económica y social, que se necesitará una especie de ecodictadura para imponer todas las medidas y que perderemos permanentemente una enorme parte de nuestra prosperidad.

Esto es lo que venimos advirtiendo desde hace años: los "planes climáticos" de la UE tendrán un efecto nulo sobre el "cambio climático", pero convertirán nuestro continente en una zona atrasada con pobreza generalizada, en la que no tendremos ningún tipo de libertad.

El monstruosamente caro "Green Deal" plantea enormes riesgos para la prosperidad, la economía y la democracia, según DB. Esos riesgos deberían ser contados honestamente a la gente, y no ocultados, como está ocurriendo ahora. Al menos eso es lo que escribe Eric Heymann, economista senior de Deutsche Bank Research.

Bruselas presenta el Green Deal como "una nueva estrategia de crecimiento" que conducirá a "una sociedad justa y próspera", pero esa afirmación es muy dudosa. Todo suena bien sobre el papel, pero para lograr una Europa verdaderamente neutra desde el punto de vista climático en 2050, hay que cambiar fundamentalmente toda la economía, así como todo el sistema político y judicial.

Koire es también autor del libro "Behind the Green Mask - UN Agenda 21". La Agenda 21 fue firmada por 178 países y el Vaticano en 1992. Con esta agenda, una élite de poder globalista quiere obtener el control total de toda la tierra, el agua, la vegetación, los minerales, la construcción, los medios de producción, los alimentos y la energía.

La aplicación de la ley, la educación, la información y el propio pueblo también deben estar bajo este control total.

Hasta ahora, las implicaciones de la agenda climática de la UE son "relativamente abstractas" y, para la mayoría de los hogares, "todavía aceptables". Pero eso está a punto de cambiar. Se avecinan intervenciones drásticas que acabarán con la elección del transporte gratuito, el tamaño de las casas, la forma de calentar, la posesión de bienes de consumo electrónicos y el consumo de carne y frutas tropicales, por ejemplo. Además, el empleo se verá muy afectado.

Los impuestos sobre la energía aumentarán mucho más, haciendo que la calefacción y el transporte sean extremadamente caros. Heymann advierte que no existen tecnologías adecuadas para mantener nuestro actual nivel de prosperidad.

Sabemos que "ecodictadura" es una palabra desagradable, pero tenemos que preguntarnos hasta qué punto estamos dispuestos a aceptar una especie de ecodictadura para llegar a ser neutrales con respecto al clima.

Por ejemplo, ¿qué debemos hacer con los propietarios que se niegan a que sus casas y edificios sean neutros desde el punto de vista climático?

(*La élite encontró una respuesta a eso en 2020: apoderarse de una media de virus respiratorios para una serie de bloqueos con severas restricciones, y así poner a cientos de miles de agricultores y empresas en el goteo estatal. De este modo, se les expropia efectivamente por la puerta de atrás.

El Estado adquiere así un poder total para imponer duras exigencias a la reanudación de estos negocios, si sobreviven a la crisis y/o consiguen el permiso para hacerlo).

¿Está dispuesto a negar a sus hijos la prosperidad que usted disfrutó?

Una pregunta mejor es: ¿estamos dispuestos usted y yo a privar a nuestros (nietos) de al menos la misma prosperidad y libertad de la que disfrutamos hasta principios de la década de 2020? ¿Estamos dispuestos a decirles pronto que tendrán que vivir en la pobreza y la opresión permanentes, mientras que los habitantes de países como China y Rusia, que no quieren demoler sus sociedades para contrarrestar un gas perfectamente natural (el CO_2) que en realidad es muy necesario para toda la vida -y del que todavía hay niveles históricamente bajos en la atmósfera-, tendrán pronto un nivel de prosperidad y bienestar mucho mayor?

¿Y cómo vas a explicarles, en medio de un periodo de enfriamiento global, frío glacial y escasez de alimentos, que todo era "realmente necesario" para contrarrestar el llamado calentamiento global?

El Green Deal llevará a la desaparición de la UE
¿Nuestra expectativa? Muchos europeos no van a tolerar esto. Cuanto más dura y coercitiva sea la dictadura climática de la UE, y cuanto más riqueza y libertad quite a los ciudadanos, mayor será la resistencia. Al final habrá grandes revueltas, los

gobiernos serán derrocados y los países abandonarán la UE, que se derrumbará con un estruendo y acabará en el montón de basura de la historia.

Exactamente donde debe estar esta unión impía, antidemocrática, siempre mentirosa, tramposa y ladrona. Entonces la próxima generación podrá empezar a reconstruir sobre las gigantescas ruinas que los eurócratas habrán dejado atrás, y es de esperar que hayan aprendido de los errores capitales que los políticos europeos han cometido.

Un agricultor alemán da la voz de alarma, en nombre de numerosos colegas europeos, sobre el "Nuevo Pacto Verde" de la Comisión Europea y el "zar del clima" Frans Timmermans. Bruselas quiere que Europa se convierta en la llamada "neutralidad climática" para 2050, y para ello hay que eliminar la agricultura moderna. Si este plan sale adelante, conducirá a una agricultura ineficiente y mucho menos "verde", a cosechas más pobres y, por tanto, a precios de los alimentos mucho más altos. Esto provocará hambre y pobreza generalizadas, especialmente entre las personas con menores ingresos.
En mayo del año pasado, se revelaron más detalles del "Acuerdo Verde Europeo". La Comisión Europea quiere dar un giro completo a la sociedad y hacer que la "transición sea justa e inclusiva" para todos. Sin embargo, al menos un grupo está completamente excluido de esto: los agricultores.

"De la granja al tenedor" es el nombre de la estrategia elegida para reformar la agricultura en Europa. Los objetivos de esta estrategia son completamente "irreales", escribe el agricultor alemán Marcus Holtkoetter para la Global Farmer Network. Los agricultores tendrían que reducir a la mitad sus productos fitosanitarios en la próxima década, y los fertilizantes en un 20%. Hasta una cuarta parte de las tierras de cultivo existentes debería destinarse a la producción "ecológica"".

Pero, por supuesto, nada de esto interrumpiría las comidas de la gente", continuó el agricultor con cinismo.

Los alimentos serán más caros

Los europeos han sido bendecidos con abundancia de alimentos (aunque la calidad puede ser cuestionada, especialmente en el caso de los alimentos refinados), sobre todo porque la agricultura puede contarse entre las más modernas y eficientes del mundo. El suelo es fértil y las cosechas son casi siempre de gran calidad. Gracias a la agricultura intensiva, hemos conseguido excelentes resultados. Gracias a ello, no tenemos problemas de hambre y malnutrición, que asolan a las personas con menos suerte en otras sociedades".

Lo que la Comisión Europea propone ahora equivale a reducir las cosechas. Para los consumidores, esto conducirá directamente a una cosa: precios más altos. Los alimentos serán más caros".

Cosechas cada vez más pequeñas

Otro gran problema es que los agricultores, que ya tienen dificultades, ganarán aún menos debido a la disminución de las cosechas y, por tanto, de las ventas. La comisión no entiende que su mal enfoque de la agricultura hará que los agricultores que ya no puedan llegar a fin de mes abandonen. Una vez que esto ocurra, las cosechas más bajas serán aún menores".

Esto es lo contrario de lo que la Comisión dice querer conseguir, que es una economía y una agricultura "sostenibles". Más importante aún es la cuestión de dónde deben venir nuestros alimentos entonces, si los agricultores europeos ya no pueden producir lo suficiente. Por lo tanto, el Green Deal europeo conducirá inevitablemente a una agricultura aún más ineficiente en los países con tierras menos fértiles y productivas.

¿Qué hay de "verde" en cultivar menos en más tierra?

Eso podría llenar las barrigas en una Europa con menos agricultores, y posiblemente incluso aliviar la conciencia de los activistas y burócratas de Bruselas. Pero NO ayudará en absoluto al clima. Nuestro objetivo debería ser cultivar más alimentos en menos tierra. El planteamiento de la UE, guiado no por la ciencia sino por la ideología, llevará en realidad a cultivar menos alimentos en más tierra. ¿Qué tiene eso de "verde"?

Hay que tener en cuenta que en 2050 la población mundial habrá aumentado en 2.000 millones de personas más. También necesitarán comer. Sería una gran tarea hacerlo con los actuales métodos agrícolas eficientes, pero aún podría hacerse. La agricultura ha demostrado ser muy innovadora en las últimas décadas.

La UE ve al ciudadano como un problema a resolver

Pero lo que los agricultores NO necesitan es aún más normas y más restricciones. Eso sería el golpe final para muchos, y pondría en peligro la seguridad alimentaria en Europa. Lo peor es que el Pacto Verde Europeo parece asumir que los agricultores son los enemigos de la conservación de la naturaleza. Nos trata como un problema a resolver, en lugar de un aliado en una causa común".

Trabajamos duro para ser lo más "verdes" posible. En mi granja, producimos parte de nuestra electricidad con paneles solares. Utilizamos el GPS y otras tecnologías para reducir nuestros residuos en la fertilización y el control de las malas hierbas. Plantamos cultivos para proteger el suelo de la erosión. Plantamos macizos de flores para atraer a los insectos que polinizan los cultivos y mejorar la biodiversidad".

La mejor manera de evitar la innovación positiva es asegurarse de que los agricultores no puedan llegar a fin de mes. Así que para los agricultores, y para todos los demás, el Acuerdo Verde Europeo es un muy mal acuerdo".

Los insectos deberían sustituir al consumo de carne ante el desastroso "New Deal" verde que destruye la riqueza

Una parte del "Nuevo Acuerdo Verde" de la UE, que destruye el bienestar y la libertad, caballo de batalla del eurocomisario marxista Frans Timmermans, ya ha entrado en vigor. La Autoridad Europea de Seguridad Alimentaria ha aprobado la venta y el consumo de insectos como saltamontes, grillos y gusanos de la harina para el consumo humano. La dictadura climática de Bruselas, al acabar con la ganadería, quiere reducir drásticamente el consumo de carne en los próximos años y obligar a la población a pasarse a cupones de alimentos alternativos.

Hay muchas posibilidades de que recibamos luz verde en las próximas semanas", respondió a The Guardian el secretario general de la Plataforma Internacional de Insectos para la Alimentación y la Nutrición, Christophe Derrien. Está deseando que llegue el momento en que los insectos puedan venderse por separado en las tiendas y también se incorporen a otros productos, como aperitivos, pasta y hamburguesas. Su argumento: los insectos son una buena fuente de proteínas, pero su producción "no perjudica al planeta".

La promoción del consumo de insectos por parte de todo tipo de organizaciones globalistas, instituciones culturales y medios de comunicación se hace para preparar a la población occidental para un nivel de vida drásticamente inferior, que será el resultado del desastroso "New Deal" verde. La aplicación de este programa monstruosamente caro, que acabará para siempre con la prosperidad acumulada en la posguerra, intensificará la profunda recesión/depresión económica resultante de las medidas de la corona.

Por eso, The Economist, portavoz de la élite liberal de izquierda internacional, promueve el consumo de insectos. Sin embargo, la cuestión es si alguna de estas "altas" figuras, que han puesto en marcha deliberadamente la caída de nuestra sociedad libre, se llevará alguna vez un insecto a la boca (salvo las habituales fotos de propaganda montadas). Porque ya se sabe: en todas las dictaduras comunistas los gobernantes se han eximido de todas las duras medidas con las que oprimen al pueblo llano.

El acuerdo climático verde de extrema izquierda de la UE cuesta a una familia más de 5.100 euros al año

Un "momento del hombre en la luna para la UE" se llama el acuerdo climático verde de Frans Timmermans. Las propuestas del papa del clima del Politburó de la UE son tan extremas y descabelladas que la comparación con la luna es realmente correcta. Si sólo se lleva a cabo la mitad de la dictadura climática comunista de

Timmermans, todos iremos figurativamente "a la luna". La UE quiere gastar 575.000 millones de euros cada año para poner a toda la sociedad patas arriba y hacerla "climáticamente neutral". ¿Y quién va a pagar eso? Exactamente, los ciudadanos. Por habitante 1280, - al año y por familia media 5120, - al año. Y a cambio obtenemos la destrucción total y gradual de nuestra prosperidad y libertad.

Derk Jan Eppink preguntó recientemente en Bruselas quién debería pagar en los próximos 20 años los 11,5 billones de euros (tres veces el PIB de Alemania) que costará la distopía climática de Timmermans. Nadie le respondió. Es de suponer que, como siempre, se tiene en cuenta principalmente a los Países Bajos, porque ya somos los mayores contribuyentes netos a la UE, y garantizamos, a través de varios fondos de emergencia, unos 100.000 millones de euros para mantener a flote el financieramente fracasado proyecto del euro.

El Cuarto Reich va a gobernar con puño de hierro

Por cierto, el 80% de nuestras leyes ya vienen de Bruselas y Estrasburgo. Así que ese Cuarto "Reich" europeo, o Unión Europea de Repúblicas Socialistas Soviéticas, ya existe realmente. Pero a partir de 2020, este Reich comunista gobernará realmente con puño de hierro, todo bajo el pretexto de la falsa "salvación del clima", pero principalmente para salvar a los bancos de nuevo. Los principales nombres de Wall Street están advirtiendo que la próxima megacrisis financiera, la crisis sistémica sobre la que hemos estado escribiendo durante años, está ahora literalmente a punto de estallar.

Lo que todavía podemos hacer para evitar perderlo todo es rebelarnos en masa, como quieren hacer ahora los campesinos el 18 de diciembre. Nosotros, como pueblo, tenemos que decir "basta ya", y romper cuanto antes con la élite política que, a sabiendas, entrega nuestro país, nuestra prosperidad, nuestra cultura, nuestra libertad y nuestra democracia a un régimen extremista de Bruselas que nos es obviamente hostil.

No digan dentro de 5 años que no fueron advertidos, cuando tendrán que usar todos los ingresos que les queden para sobrevivir del todo, y eso en casas que apenas podrán iluminarse y calentarse debido a los impuestos climáticos por las nubes. El Green Deal de Europa = fin de la prosperidad, fin del bienestar, fin de la libertad, y bienvenido a la dictadura totalitaria. Y todo en nombre de una crisis climática que está completamente fuera de lugar.

Los activistas climáticos de Greenpeace quieren convertir Occidente en los modernos campos de exterminio

La tendencia cada vez mayor en Occidente hacia el socialismo comunista y la dictadura climática recuerda a la economista estadounidense Marin Armstrong al infame líder de los Jemeres Rojos y asesino en masa Pol

Pot, cuya sociedad ideal consistía en agricultores pobres y de subsistencia con el menor dinero, riqueza y posesiones posibles. Abrazó el marxismo y consideró que la sociedad moderna era malvada, algo que volvemos a escuchar ahora en el movimiento climático".

Durante sus intentos de someter a toda Camboya a sus ideas, entre 1,5 y 2 millones de personas murieron de hambre. Los opositores al régimen de Pot fueron torturados y asesinados en masa. Esta catástrofe humanitaria y genocidio, que acabó con una cuarta parte de la población, se conoció mundialmente como "Los campos de exterminio", título de una película británica de 1984 sobre los jemeres rojos.

La gente que odia la tecnología y quiere obligar al mundo a volver a una vida sencilla es un problema recurrente", continuó Armstrong. 'Si Camboya fue otra advertencia de esta mezcla de socialismo y clima, el futuro no parece muy brillante, ya que continuamente tenemos que enfrentarnos a esta gente una y otra vez'.

Greenpeace utiliza a Greta para promover su propia agenda

Greta Thunberg está dirigida por Jennifer Morgan, de Greenpeace, que viajó al Foro Económico Mundial de Davos con Al Gore (creador del documental de mentiras totalmente desacreditado, según todos los indicios, 'Una verdad incómoda'). 'Greenpeace financia a Greta, y sus donantes consisten en una larga lista de socialistas.

Greta se presentó dos días antes de las elecciones en Alberta, Canadá, para decir a la gente que por culpa del cambio climático tienen que dejar sus trabajos".

El hecho de que nada de esto salga en los medios de comunicación europeos es aún más fascinante. No se les permite informar sobre el reclutamiento de Greta por parte de Greenpeace, o cuando voló a Canadá para tratar de influir en las elecciones".

'Greenpeace tiene una larga historia con la violencia, y ahora tienen a Greta para conseguir más atención que nunca. Son estratégicamente muy conscientes de que la gente está más dispuesta a escuchar a Greta que a un adulto'.

'Greenpeace persigue el mismo tipo de objetivo que se intentó en Camboya: volver a la vida rural, el fin de los combustibles fósiles (=el fin de la prosperidad actual), la reducción de la población y el fin del progreso tecnológico. Son marxistas, como los jemeres rojos, pero prefieren llamarse 'progresistas', cuando en realidad quieren imponer la regresión (el declive)".

'Así, mientras lanzan una enorme investigación sobre cómo Rusia supuestamente influyó en las elecciones de Estados Unidos (de la que todavía no hay ni una sola prueba), no se dedica ni una palabra a cómo Greenpeace está utilizando a Greta para penetrar en los gobiernos, e incluso en Davos. Como es una niña, todos tienen miedo de criticarla. A Jennifer Morgan NUNCA se le permitiría entrar en Davos en nombre de Greenpeace. Greta es la llave del mundo. Con Greta, consiguen unos 20 millones de dólares en donaciones con los que quieren imponer la agenda de Greenpeace en el mundo".

'Greenpeace persigue el mismo tipo de objetivo que en Camboya: la vuelta a la vida rural, el fin de los combustibles fósiles (=el fin de la prosperidad actual), la reducción de la población y el fin del progreso tecnológico. Son marxistas, como los jemeres rojos, pero prefieren llamarse "progresistas", cuando en realidad quieren imponer la regresión (el atraso).

'Así que, mientras han lanzado una enorme investigación sobre cómo Rusia supuestamente influyó en las elecciones de Estados Unidos (de la que todavía no había ni una sola prueba), no se dice ni una palabra sobre cómo Greenpeace está utilizando a Greta para invadir gobiernos, e incluso Davos. Como es una niña, todo el mundo tiene miedo de criticarla. A Jennifer Morgan NUNCA se le permitiría entrar en Davos en nombre de Greenpeace. Greta es la llave del mundo. Con Greta, consiguen unos 20 millones de dólares en donaciones con los que quieren imponer la agenda de Greenpeace en el mundo.

Los datos brutos y no alterados de la NASA muestran claramente que no hay ninguna crisis climática, que el cambio anual de CO_2 está disminuyendo en lugar de aumentar, y que el clima es cada vez más frío. Ahora intentan tergiversar todo para afirmar que, después de todo, tenían razón y que el frío extremo es el resultado del CO_2, cuando no hay pruebas de ello. Eso no es científico", comenta Armstrong.

Sólo mienten sobre esta tendencia, para imponer su programa de control de la población". Armstrong fue invitado por la Casa Blanca a una cena con los principales grupos ecologistas en los años 90. Admitieron que su objetivo es la reducción de la población. El CO2 se utiliza para promover la misma agenda, que es una tontería total... Esta gente es deshonesta, peligrosa y está decidida a destruir la revolución industrial. Quieren devolvernos a la edad de piedra, y además de detener la calefacción (en NL cortando el gas) y el aire acondicionado, y lavar el cerebro a las chicas para que no tengan hijos, también quieren eliminar los coches y los aviones.'

No sería tan grave si esta ideología social y humanamente hostil fuera propugnada sólo por una pequeña secta climática de extrema izquierda. Sin embargo, esta secta ha logrado penetrar en los niveles más altos de todos los gobiernos, parlamentos e instituciones (gubernamentales) occidentales, y ahora ha comenzado en serio a romper nuestra prosperidad y bienestar paso a paso, con el objetivo final de eliminar a millones de débiles y "disidentes" que se niegan a suscribir o implementar esta agenda climática comunista.

Capítulo 8: Combustibles fósiles

'Green New Deal' de la estrella demócrata en ascenso Ocasio-Cortez significa 'la erradicación de toda la vida en la tierra' - 'Si se prohíben los combustibles fósiles se cortará cada árbol de la tierra'

El Dr. Patrick Moore, cofundador de Greenpeace, ha arremetido duramente contra Alexandria Ocasio-Cortez, la nueva niña mimada de la izquierda 'progresista' en Estados Unidos. La "socialista demócrata" ha presentado un "Nuevo Pacto Verde" que costará decenas de miles de millones de dólares y que, según numerosos críticos, devolverá a Estados Unidos a una sociedad preindustrial. Moore tuiteó que Ocasio-Cortez le parece una "hipócrita" y una "tonta pomposa" porque aplicar su exigencia de dejar los combustibles fósiles -que la administración europea ya ha empezado a hacer con el cierre del gas natural- causará "muertes en masa".

Moore rompió con "su" Greenpeace hace años después de que el movimiento ecologista fuera tomado desde dentro por anarquistas de extrema izquierda, de los que Ocasio-Cortez es un ejemplo.

Deshacerse de todos los aviones y coches

El "Green New Deal", la versión de la Izquierda Verde del Acuerdo sobre el Clima en marcha, quiere que Estados Unidos rompa por completo con el petróleo, el gas y la energía nuclear. Los viajes en avión deben ser sustituidos por trenes (incluso a través de los océanos), y el 99% de los coches deben desaparecer.

Como siempre, por supuesto, con la excepción de la élite gobernante. El New York Post, por ejemplo, informa de que la propia Ocasio tiene una gigantesca "huella de carbono", en parte porque su equipo de campaña utiliza casi exclusivamente coches de gasolina normales. Ella misma tomó el avión 66 veces entre mayo de 2017 y diciembre del año pasado, en comparación con solo 18 veces en tren, al que, si fuera por ella, todas las personas estarían pronto obligadas a cambiar.

El dinero de los socialistas presiona para conseguir viviendas gratuitas

Además, todos los edificios de Estados Unidos tendrán que modificarse a fondo o incluso reconstruirse para cumplir requisitos climáticos muy estrictos. Cortez quiere financiar millones de puestos de trabajo en el gobierno para este fin. Los que no quieran trabajar, por cierto, podrán quedarse en casa con el sueldo completo y tampoco tendrán que pagar los gastos de manutención. ¿Pero quién querría eso?

¿Cómo piensa "AOC" pagar su utopía verde? Sencillo: simplemente encendiendo las prensas de dinero, que es la única manera de financiar sus draconianos y carísimos planes. El hecho de que este socialismo haya conducido a la pobreza y la miseria generalizadas en todo el mundo a lo largo de la historia no debería ser un nombre, porque "esta vez lo vamos a hacer bien", dijo Cortez en una entrevista anterior.

Este plan significa la erradicación de toda la vida.

El Green New Deal establece incluso que todos los gases de efecto invernadero deben ser eliminados de la atmósfera. La respuesta de Moore: 'Técnicamente (científicamente) esto significa eliminar todo el vapor de agua y todo el CO_2, lo que significa la extinción de toda la vida. Brillante".

AOC escribió entonces que "si no te gusta el acuerdo, deberías presentar tu propia propuesta ambiciosa para resolver la crisis climática mundial. Hasta entonces, nosotros estamos al mando, y tú sólo gritas desde la barrera".

A lo que Moore contestó con firmeza: "Chupamedias. No tienes ningún plan para alimentar a 8.000 millones de personas sin combustibles fósiles ni para llevar la comida a las ciudades. ¿Caballos? Si se prohíben los combustibles fósiles, se cortarán todos los árboles de la Tierra para obtener combustible para cocinar y calentar. Provocarán una mortalidad masiva... No eres más que un simple hipócrita, al igual que el resto, y tienes CERO experiencia en cualquier área de la que pretendas poder decir algo".

En una respuesta posterior a un tuit de otro fanático del clima que afirmaba que "el fin de los combustibles fósiles es inevitable", Moore escribió: "Sufres de delirios si crees que los combustibles fósiles desaparecerán pronto. Quizá dentro de 500 años". La actitud de AOC es irresponsable y condescendiente. Es una neófita que pretende ser inteligente. Los de su clase, si se les pone al frente, nos llevarán a la ruina".

Capítulo 9: El abono humano

Es hora de ser optimistas: La Tierra está todavía muy vacía, hay suficiente energía y dinero, y podemos utilizar mucho más CO2.

Estrenada en 1973, la película Soylent Green está considerada como uno de los mayores clásicos de la ciencia ficción, y ganó varios premios. La película trata del año 2022, en el que la Tierra está plagada de superpoblación, y hay 40 millones de personas viviendo en Nueva York. Los alimentos ordinarios son escasos y extremadamente caros, al igual que el agua potable. La gente común come un producto cultivado en fábrica llamado Soylent (soja de la soja, lenteja de la cuaresma). De las tres variedades, Soylent Green es la mejor. Durante la investigación de un asesinato, un policía y su compañero de habitación hacen el impactante descubrimiento de que Soylent Green está hecho de cuerpos humanos. Esta imagen de terror se está convirtiendo poco a poco en una realidad, ya que este año se ha abierto en Estados Unidos la primera instalación de compostaje humano del mundo.

"Con el sudor de tu frente comerás el pan, hasta que vuelvas a la tierra, porque de ella fuiste sacado; porque polvo eres y al polvo volverás. (Génesis 3:19)

Cuando llega su hora, en Occidente tenemos dos opciones para nuestros restos mortales: el entierro o la incineración, escribió Science Alert en diciembre de

2019. A eso se ha unido ahora un "ritual alternativo único": el compostaje.

Recompostaje

En Seattle se ha construido la primera instalación para transformar cadáveres en compost. El proceso se anuncia como "compostaje", "descomposición orgánica natural" e incluso "vida después de la muerte".

Su fundadora, Katrina Spade, calificó la ley, que entró en vigor en mayo de 2020 e hizo legal el "compostaje" de cuerpos humanos, como una "revolución funeraria" verde. El sitio web de Recompose afirma que "los cuerpos se cubren con virutas de madera y se exponen al aire, creando un entorno perfecto para los microbios naturales y las bacterias beneficiosas. En 30 días, el cuerpo se transforma por completo, creando un suelo que puede utilizarse para cultivar nueva vida.

La empresa anima a los familiares a utilizar parte de este abono humano en sus propios jardines. Pomodoro di Nonna: la sopa de tomate de la abuela de su propio jardín adquiere una dimensión muy literal....

Según Recompose, el compostaje sería más respetuoso con el medio ambiente que la inhumación, y desde luego que la incineración, porque la quema de un cadáver libera CO_2. Optar por el compostaje ahorraría una tonelada de CO_2, y también eliminaría la necesidad de reservar terrenos para cementerios. Coste de este funeral: 5500 dólares.

La transformación de los restos humanos en abono para cultivar alimentos se acerca al siniestro futuro que se dibuja en la película Soylent Green, que, por cierto, está muy anticuada, aunque, por supuesto, los cadáveres aún no se utilizan directamente para la producción de alimentos.

Además de una forma escalofriante de canibalismo, la película de casi medio siglo de antigüedad también muestra una forma ceremonial de eutanasia, en la que se mata a las personas -incluso a la fuerza- por el "bien" de la sociedad. Justo antes de recibir la inyección - presentada eufemísticamente como "volver a casa"- se les muestra una película sobre la antigua Tierra, sobre lo bonito que era todo entonces.

Especialmente desde 2020, hemos visto que con las medidas de la corona, la deshumanización de los humanos y la humanidad se ha acelerado. En el mejor de los casos, las personas son vistas como productos que deben ser vinculados a un sistema de control digital global que utiliza tecnología como el 5G y las vacunas. De hecho, una parte importante del movimiento climático internacional considera abiertamente a los humanos como una carga y una maldición, lo que podría ser un escalón aterrador para racionalizar las políticas gubernamentales misantrópicas y, en última instancia, justificar y aprobar el genocidio masivo, en cualquier forma que se lleve a cabo.

Es hora de ser optimistas: La Tierra está vacía, la energía y el dinero son abundantes

La gente ha llegado a dar por sentada la idea de que la Tierra está "superpoblada" y los recursos naturales son "escasos" gracias a la incesante propaganda. Sin embargo, numerosas predicciones anteriores al respecto nunca se han hecho realidad. El tristemente célebre Club de Roma de los años 70 predijo una enorme crisis mundial de energía, alimentos y recursos en el año 2000, pero nada de eso se hizo realidad.

Ya es hora, pues, de tener una visión optimista del futuro. La realidad es que la Tierra sigue estando muy vacía. Basta con mirar las fotos del espacio: apenas se reconocen las huellas de la presencia humana, salvo en un puñado de zonas urbanas densamente pobladas. Con las tecnologías modernas y más CO_2 (cuyos niveles en la atmósfera siguen siendo históricamente, casi peligrosamente bajos*), gigantescas áreas vacías como Siberia y el Sahara pueden transformarse en zonas fértiles y habitables, donde puedan vivir miles de millones de personas. El dinero es abundante, al menos si la humanidad se decide por fin a utilizar los billones anuales gastados en armamento y guerras para fines más útiles.

Hay mucha energía disponible, incluso para decenas de miles de millones de personas, sobre todo si el rápido desarrollo de las centrales de torio y de fusión nuclear se aplica plenamente. Suponiendo que éstas sean comercialmente viables alrededor de 2050, todavía habrá gas, petróleo, carbón, uranio y plutonio más que suficientes para los próximos 30 años para satisfacer la creciente demanda de energía. Incluso después, las fuentes "fósiles" podrán proporcionar energía barata y fiable durante mucho tiempo.

El Occidente moderno nos lleva precisamente a un futuro escaso y oscuro sin libertad

Sin embargo, la tendencia liderada por Occidente es exactamente la contraria; impulsados por el miedo y la misantropía que raya en la negatividad, quieren hacer que la energía sea escasa, poco fiable y cara (solar y eólica), al igual que los alimentos y el agua, razón por la cual el Estado, la UE, la ONU y los globalistas como Bill Gates intentan ahora hacerse con todas las tierras agrícolas. Los que sobrevivan a las numerosas crisis, que serán inevitables en las próximas décadas debido a estas políticas, tendrán que vivir como esclavos sin ninguna forma de libertad y autodeterminación, y con sólo una fracción de la prosperidad actual, bajo el yugo de una dictadura tecnocrática dura como una roca.

El viejo orden está intentando ahora hacerse con el poder total a través del 'Gran Reset' (/ 'Reconstruir mejor'), la 'Agenda 2030', el 'New Deal verde' y las campañas de vacunación Covid-19, y así realizar este oscuro futuro. Sin embargo, todavía podemos escapar de él; todo lo que se necesita es un despertar masivo, una resistencia pacífica masiva, un NO masivo. Queremos otro "Gran Reseteo", uno en el que el actual orden gobernante sea realmente eliminado y pierda su poder, y se permita finalmente a la gente común decidir realmente por sí misma cómo debe ser su propia salud y su propio futuro, y el de su pueblo, ciudad, país, gente, sociedad, economía y cultura.

Nuestros otros libros

Consulte nuestros otros libros para ver otras noticias no divulgadas, hechos expuestos y verdades desacreditadas, y mucho más.

Únase al exclusivo Círculo de Medios de Comunicación de Rebel Press.

Todos los viernes recibirás en tu bandeja de entrada nuevas actualizaciones sobre la realidad no denunciada.

Inscríbase hoy aquí:

https://campsite.bio/rebelpressmedia

CPSIA information can be obtained
at www.ICGtesting.com
Printed in the USA
BVHW081616180521
607627BV00015B/337

9 789492 916266